AF278666

Auguste SAINT-YVES

LA RÉPUBLIQUE

DES

FOURMIS

LIBERTÉ ET CLARINETTE

Prix : 25 Centimes.

PARIS
EN VENTE CHEZ LES PRINCIPAUX LIBRAIRES

MARSEILLE
DÉPÔT CENTRAL, A LA LIBRAIRIE J. PACHINI
Boulevard du Musée, 9

ET DANS LES LIBRAIRIES DE LA PROVINCE.

—

1872

LA RÉPUBLIQUE DES FOURMIS

Je me promenais, l'été dernier, à l'ombre des magnifiques platanes du Prado (Marseille), lorsqu'à quelques pas de moi un gros monsieur bondit du banc sur lequel il était assis et se mit à s'agiter, à se démener comme si le diable était accroché aux basques de son habit.

Ah ! maudite fourmi, disait-il, tout essoufflé de faire ainsi des bonds et des sauts auxquels à en juger par sa corpulence il ne devait pas être accoutumé, je finirai bien par t'attraper. Et voilà alors le gros monsieur de faire le télégraphe avec ses bras et de se frapper le cou afin de jeter à terre ce *formidable ennemi* qui le mettait tout en révolution pour s'être égaré en chemin en montant à l'assaut de sa personne. Mais peines et ébats inutiles ! La petite fourmi voyant sans doute venir les coups et, sans se troubler le moins du monde, trottinait prestement à droite quand ils arrivaient à gauche, et à gauche quand ils arrivaient à droite. Bref, le gros monsieur se serait ainsi assommé lui-même si je ne lui avais presque sauvé la vie en sauvant peut-être celle de la petite fourmi que je pris au moment où fatiguée de ce manège elle se tenait immobile.

— Monsieur ! quel service vous me rendez, me dit-il, en se jetant sur le banc et poussant des ouf ! ouf ! à détraquer des moulins à vent. La satanée fourmi ! sans vous, je n'en serais pas encore débarrassé ! Mais, que faites-vous donc ? au lieu de l'écraser, voilà que vous la mettez dans un petit cornet de papier.

— Eh oui !

— Pourquoi donc ?

— Pour l'examiner à mon aise ; tenez, voyez comme elle est jolie.

— Ah ! dam, je connais ces coquines-là ; voilà bientôt soixante-cinq ans que j'en ai une frayeur, mais une frayeur ! je ne vous dis que ça !

— Vous êtes bien injuste envers elles car elles sont aussi inoffensives qu'elles sont intéressantes.

— Eh bien merci ! elles mordent.

— Oui, quand on les taquine.

— C'est cela : il faut les flatter lorsqu'elles vous montent sur le cou (et le gros monsieur prit un air courroucé).

— Je suis persuadé, lui dis-je, qu'elle n'avait nulle intention de vous faire du mal ; elle s'est égarée de son chemin, voilà tout, et rentrera ce soir bien piteuse à la fourmilière si elle n'y rapporte pas le moindre petit brin de provisions. Voyez plutôt, c'est une ouvrière de la république.

— Comment de la République ?

— Eh oui ! de la République, car les fourmis vivent en république comme les abeilles vivent en monarchie. Celles-ci sont gourvernées par une reine ; celles-là se gouvernent par elles-mêmes.

— Les abeilles monarchistes ! Les fourmis républicaines ! Ah ! ah ! ah ! par exemple, voilà qui est drôle ! Tiens ! faites-moi donc voir cette républicaine qui est dans votre cornet. Diable ! comme elle s'agite, griffe, et cherche à se cramponner pour sortir ; en voilà une de républicaine qui aime la liberté.

— Tous les animaux, y compris même les abeilles gouvernées par une reine, aiment la liberté et en jouissent ; il n'y a que les hommes qui, se choisissant quelque fois un roi, par paresse de se gouverner eux-mêmes, perdent ainsi de leur fierté et ne tardent pas à devenir esclaves.

— Jamais je n'avais examiné fourmi de si près que celle-là. Elle est, en effet, fort jolie ; seulement je crois en avoir vu d'autres qui avaient des aîles.

— C'est possible, celles-ci sont les mâles et les femelles ; tandis que celle-là n'ayant pas de sexe est dépourvue d'aîles. Les fourmis de ce genre neutre sont beaucoup plus nombreuses que les mâles et les femelles. Leurs mâchoires sont aussi plus grandes ; l'inférieure est divisée en deux parties qui sont courbes et terminées chacune par cent petites pointes ; ces deux portions de mâchoires sont mobiles et servent comme de bras pour transporter les provisions. On désigne généralement ces fourmis sous le nom d'ouvrières parce qu'elles pourvoient à tous les besoins de la République dont elles font partie.

— Eh bien, mon cher monsieur, voilà une singulière République où les ouvrières seules travaillent, et où messieurs les mâles, mesdames les femelles républicains et républicaines, comme vous le dites, ne font rien.

— Pardonnez-moi, ceux-ci sont spécialement chargés de la reproduction de leur espèce, aussi les mâles ne vaquant à aucuns travaux, ont-ils le bon esprit, la délicatesse de ne point aller manger les provisions amassées par les ouvrières dans la fourmilière. Ils voltigent aux alentours de cette dernière où l'on ne rencontre guère que les ouvrières et les femelles ; encore celles-ci n'y viennent-elles que pour déposer leurs œufs. Ces petits insectes ne vivent donc pas comme certains fainéants de la société des hommes au détriment des travailleurs. La société humaine ayant pour base le travail, tout homme tant riche soit-il et qui ne travaillant pas de ses bras ou de son intelligence, consomme sans rien produire, est pour la société un être inutile, nuisible même, en un mot un parasite.

— Sapristi ! nous ne manquons pas de ces gaillards-là.

— Hélas, oui ! aussi, les gouvernements devraient-ils obliger au travail les fainéants et si ceux-ci ne voulaient pas s'y soumettre, les bannir , les chasser

— Fichtre ! vous entendez la liberté d'une singulière façon !

— Vivre en société, monsieur, impose des devoirs, des obligations ; et, avec l'honnêteté, le travail est le premier de tous. Mais, revenons aux fourmis. Lorsqu'une peuplade de ces insectes s'est organisée en société, ce sont les ouvrières qui construisent les logements nécessaires à la communauté. Elles établissent ordinairement la fourmilière dans un terrain sec et ferme au pied d'un arbre ou d'un mur; elles la placent toujours du côté exposé aux rayons du soleil.

L'entrée de cette habitation a la forme de voûte et est soutenue par des racines d'arbres, de plantes ou des pailles allongées qui empêchent en même temps l'eau d'y pénétrer. Elles choisissent, autant qu'il leur est possible, un terrain en pente; il paraît que la terre humectée leur convient mieux que celle qui est trop sèche ou trop humide. Quelquefois il y a deux ou trois entrées pour une seule demeure. Ces entrées conduisent à une cavité souteraine enfoncée souvent d'un pied et plus en terre, assez large, irrégulière en dedans, mais sans aucune séparation ni galerie. Par une police bien réglée les portes de ces entrées sont fermées pendant la nuit et gardées pendant le jour.

— Ah ! c'est-il curieux !

— Vous comprenez que cette cavité qui les met à l'abri des orages de l'été et des glaces de l'hiver doit avoir coûté beaucoup de peines et de travaux à des insectes aussi petits.

— C'est prodigieux !

— Ils ne peuvent détacher à la fois qu'une très petite molécule de terre et l'emporter ensuite dehors à l'aide de leurs mâchoires ; mais le nombre des ouvrières supplée à leur force et à leur grandeur. Ce nombre incalculable de fourmis travaille à la fois sans s'incommoder ni s'embarrasser. Elles ont soin de se partager en deux bandes dont l'une est composée de fourmis qui emportent la terre dehors ; l'autre, de celles qui entrent pour travailler ; par ce moyen l'ouvrage va sans interruption.

— Mais ces insectes sont d'une intelligence admirable !

— Oui, et il faut avouer que l'auteur de la nature leur à concédé une parcelle de cette raison qu'il a voulu que l'homme seul possédât tout entière.

— Sapristi ! j'ai maintenant une telle admiration pour ces fourmis si détestées tout-à-l'heure, que je regrette que vous ayez déposé à terre celle du petit cornet ; vrai ! comme je le dis, je lui aurais levé mon chapeau.

— Je vous en conterais bien d'autres sur ces insectes, si je ne craignais d'être indiscret en abusant de votre patience.

— Contez, monsieur, contez ! Je vous écoute avec plaisir.

— Je vous remercie, et puisque vous le permettez, je continue :

Lorsque la fourmilière est creusée, les fourmis s'y retirent le soir, et ce n'est qu'après ce travail fait, qu'elles pensent à manger ; jusque-là, vous les voyez uniquement occupées à leurs travaux. Pas une ne porte la nourriture à l'habitation ; mais, lorsque l'ouvrage est fini, elles vont à la picorée. Tout leur est bon : fruits, graines, insectes morts, pain, sucre, confitures. Dès qu'elles ont trouvé quelque butin, elles s'en chargent pour le porter à la fourmilière le partager avec leurs compagnes. Ainsi, c'est à la fourmilière que l'on porte les vivres pour la consommation journalière; c'est là, le réfectoire, la salle des festins et le lieu d'assemblée. Il n'y a point de table particulière chez cette république ; tout y est en commun.

Vous avez dû voir quelquefois des fourmis porter ou tirer des fardeaux beaucoup plus pesants qu'elles. Pourtant, si le morceau de fruit, de sucre, de pain ou de bois qu'elles veulent emporter est par trop lourd, elles se mettent trois ou quatre après, ou bien elles le déchirent avec leurs mâchoires et l'emportent pièce par pièce. Leur arrive-t-il dans leur course laborieuse de faire quelque bonne découverte, aussitôt elles en avertissent leurs compagnes.

— Mais alors, ces petits êtres si intelligents doivent parler entre eux, car comment diable! feraient-ils autrement?

— Oh! non, c'est au moyen d'un signe que les fourmis se communiquent cet avis; et l'on peut conjecturer que c'est par un coup de tête ou un coup de patte appliqué d'une certaine façon que l'une d'elles donne à la première qu'elle rencontre sur ses pas; celle-ci se conduit de même envers sa plus proche voisine et ainsi de l'une à l'autre; de sorte qu'en un instant, toute la République est instruite de l'heureuse nouvelle.

— C'est, ma foi, le système des relais de poste avec leurs courriers, leur postillons.

— Absolument Dès qu'elles sont de retour au domicile commun, vous voyez toute la fourmilière se mettre en marche réglée et former une procession.

Toutes vont l'une après l'autre prendre part au butin en suivant les traces de celle qui l'a découvert et qui sert de guide; puis, elles rapportent la capture, avec le même ordre, dans la fourmilière. Elles forment alors une autre bande qui n'interrompt point la file de celles qui viennent. Si dans la marche, quelqu'une périt par accident, d'autres emportent immédiatement son corps au loin.

— Je serais bien curieux de voir cette procession de fourmis.

— Cela vous est bien facile ; quand vous voudrez faire sortir des légions de la fourmilière et les mettre en quête, vous n'aurez qu'à répandre à un, deux ou trois pieds de distance, du pain en miettes ou de menues graines. Si pour rendre l'expérience encore plus intéressante, vous jetez ces miettes et ces graines entre deux fourmilières, vous observerez que toutes les fourmis d'une même République se connaissent, et qu'étant amies entre elles, elles ne souffriront point la visite d'étrangères. Vous remarquerez aussi que lorsqu'elles arriveront pour picorer sur le terrain où vous aurez jeté les miettes ou les graines, chaque fourmi de la même cité rebroussera chemin. Quelques-unes pourtant se battront, et le parti le plus fort s'emparera de la victuaille. Vous ne verrez point de combat général entre les habitants de deux fourmilières voisines l'une de l'autre ; mais quelquefois seulement de petites escarmouches singulières, et toujours décidées, en peu de temps, par la raison du plus fort.

— Et, qui n'est pas toujours la meilleure, bien que Lafontaine l'ai dit dans sa fable du *Loup et de l'Agneau*.

— Certes non ! Et cela pas plus chez les fourmis que chez les hommes. Puisque vous me parlez de Lafontaine dont vous avez lu les fables et a plus forte raison celle de la *Cigale et de la Fourmi*, la

première de toutes, vous savez que ce grand fabu-
liste prétend, d'accord avec les anciens naturalistes,
que la fourmi amasse pendant l'été les provisions
nécessaires à sa nourriture pendant l'hiver. Eh
bien ! quelque soit l'intelligence de la fourmi et son
esprit de prévoyance, ce fait qu'on lui prête est
une erreur.

— Alors, je finis par croire que notre grand fa-
buliste est un grand blagueur.

— Non, non, c'est un grand philosophe.

— Oui, pas mal ! surtout, dans la fable du *Loup et
de l'Agneau.*

— Mais, certainement. Ici, il y a ironie, et là,
erreur ; car, durant l'hiver, la fourmi demeure dans
un état d'engourdissement qui suspend tous ses
besoins.

Le seul travail des femelles étant, comme je vous
l'ai dit, de déposer leurs œufs dans la fourmilière,
leurs pontes faites, les ouvrières s'en occupent
ensuite. Ces œufs sont blancs, petits et presqu'im-
perceptibles. Après quelques jours, il en sort des
vers qui deviennent même plus gros que les fourmis.

— Ce sont ces vers blancs que l'on vend sur les
marchés pour nourrir les rossignols, les perdrix et
les faisandeaux.

— Précisément. Les ouvrières ont le plus grand
soin de ces jeunes vers. Comme ils sont tendres et
délicats, elles ont l'attention, vers le milieu du
jour, pendant la chaleur, de les apporter à l'entrée

de leurs souterrains pour leur faire sentir l'influence de l'air doux. Elles les exposent aussi aux rayons du soleil bienfaisant. A l'approche de la nuit, elles les rapportent au fond de la fourmilière pour les garantir du froid. On voit alors les fourmis porter avec leurs mâchoires ces vers beaucoup plus gros qu'elles, sans cependant les blesser. Elles les nourrissent avec la même sollicitude ; et les vivres sont-ils rares, elles font diète à leur profit.

— Voilà qui tout en étant chose naturelle est plus admirable encore que tout le reste.

—- Telle est, monsieur la puissance de l'instinct, de l'amour de la conservation de l'espèce, qui, chez tous les êtres de la nature, est le soin le plus important.

Ces vers ressemblent assez quand ils sont gros à une espèce d'œuf allongé. Si on les examine au microscope, on voit que leur tête est recourbée vers leur poitrine, et que leur corps est composé de douze anneaux. Le ver parvenu à sa grosseur passe à l'état de nymphe. Celle-ci est, dès le principe, fort molle et presque fluide. Elle est enveloppée d'une peau blanche et transparente qui ressemble a une pellicule.

A mesure que la nymphe se fortifie et prend de la consistance, cette peau qui paraissait remplie de fluide, se colle, s'applique sur elle et l'on distingue, alors très bien, la fourmi qui doit sortir de cette enveloppe.

Les fourmis ont pour ces nymphes et pour les petits les mêmes soins qu'elle ont eus pour les vers. Seulement, elles ne sont pas obligées de leur donner de la nourriture.

Lorsque la nymphe est arrivée à sa perfection, elle quitte son enveloppe et devient un insecte complet, une véritable fourmi aîlée, si elle est mâle ou femelle, et sans aîles, si elle est du genre neutre ; elle est, alors, classée au nombre des ouvrières de la fourmilière.

Voilà, monsieur, l'histoire à peu près complète de la vie et des mœurs de ces petits insectes, des fourmis, ces républicaines à l'école desquelles on ferait bien d'envoyer les paresseux. Ils apprendraient à devenir sinon très prévoyants, au moins très laborieux.

LIBERTÉ & CLARINETTE

C'était le soir du 12 mars 1871. A cette époque la
Cannebière était plus que jamais le forum des Mar-
seillais. Les orateurs politiques en plein vent y
foisonnaient; promeneurs et promeneuses faisaient
cercle autour d'eux avec un empressement, une
complaisance tels, que ceux-ci enchantés d'être
écoutés ne pouvaient empêcher leur langue de
tourner quelquefois plus vîte qu'ils ne voulaient.

Je suis très friand de ces scènes oratoires, de
ces racontars d'aventures, plus ou moins drôlati-
ques et souvent burlesques que j'entendais le soir,
en flânant sur la Cannebière. Aussi, étais-je con-
tent, quand j'avais la chance de tomber sur un Ci-
céron à peu près, où un Démosthène quelconque.
Je croyais même entendre ce dernier, lorsque je
pouvais me placer de façon à l'écouter, tout en
apercevant les mâts des navires amarrés dans le
port. Je me figurais alors que j'étais à Athènes,
que j'apercevais le Pirée, et comme tout est dans
l'imagination, je pensais à ces malheureux Athé-

niens d'autrefois chez qui Philippe, roi de Macédoine, jouait le même rôle que Guillaume, roi de Prusse, joue aujourd'hui chez nous pour l'Alsace et la Lorraine. Je cherchais à me persuader que toutes les désastreuses nouvelles que je lisais dans les journaux et qui me rendaient fort triste étaient arrivées au temps de jadis, que c'était de la vieille histoire, et, un instant devenu gai par cette illusion, j'écoutais mon Démosthène.

Celui qui politiquait ce soir là, parlait de la liberté sociale, à propos d'une discussion de la veille entre lui et son voisin. En vrai méridional, sa façon vive de s'exprimer et d'accompaguer ses paroles d'une mimique des plus accentuées captivait son auditoire.

— Tel que vous me voyez, disait-il, je n'ai pas fermé l'œil depuis quarante-huit heures. J'ai le guignon d'avoir pour voisin un individu qui joue de la clarinette. Depuis qu'il a transporté ses pénates à côté de ma chambre, je n'entends plus que des couics et des couacs à faire tourner les bouteilles qui sont dans mon cellier. Jamais *canards* pareils ! Je parie qu'il *en* fait plus à lui tout seul, en dix minutes, que n'importe quel journal dans toute une année. — C'est fort, me direz-vous, mais c'est comme cela. Passe encore le jour, mais la nuit c'est insupportable. Dormez donc avec la valse de *Robins-des-Bois* émaillée de couics et de couacs ! Et encore, ne le fut-elle pas, que ce serait impossible.

L'avant-dernière nuit, à bout de patience et fatigué de me tourner et retourner sur mon oreiller, comme sur un fagot d'épines, je lui crie : —Grâce, monsieur, grâce !

— De quoi ! me répond alors avec arrogance cet individu.

— Comment de quoi ! repris-je furieux ; mais , vous ne vous entendez donc pas ? Vous ne voyez donc pas que vous m'assassinez ? Si vous êtes aveugle, ce que je suis tenté de croire par votre amour effréné pour la clarinette, au moins, vous n'êtes pas sourd, et je vous prie, dans l'intérêt de mon repos et de votre santé, de faire économie de votre souffle jusqu'à demain matin. Il est minuit passé, entendez-vous, c'est l'heure de dormir ou de laisser dormir les autres.

— Laissez dormir les autres ! Qu'est-ce que cela fait à moi, qu'ils dorment ou qu'ils ne dorment pas ; basth ! Cela m'est bien égal. Aussi je continue.

Et voilà mon gaillard à faire pleuvoir, comme pour réparer le temps perdu, un déluge de notes toutes plus folles les unes que les autres.

Alors, comme si le diable m'enlevait par les cheveux, je saute en-bas de mon lit et je m'écrie :

— Troun de l'air ! Taisez votre bec et celui de votre clarinette, ou…. je me fâche.

— Fâchez-vous, tant que vous voudrez, nous sommes en République, et *vive la liberté !*

— Citoyen, je vous trouve absurde.

— Vraiment !

— Eh oui, vraiment ; car si vous croyez que la
République est l'anarchie ; si vous croyez que la
liberté est la licence, il serait à souhaiter pour mon
repos que votre clarinette fut aussi bouchée que
votre esprit.

— Citoyen, vous insultez un républicain..

— Vous un républicain ! mais dites donc un
Robinson Crusoë ; car le républicain est l'homme
qui ne vit pas seul et sait aliéner une partie de sa
liberté au profit de ses semblables, qui agissant de
même que lui, constituent par ces concessions
réciproques l'état social. Vous républicain ! Ah !
tenez, si votre clarinette me crispe et m'empêche
de dormir, votre réponse me renverse.

— Citoyen, vous m'ennuyez !

— Vous, vous me tuez comme vous tueriez dix
Républiques, s'il y avait beaucoup de raisonneurs
de votre trempe, brouillon que vous êtes.

— Brouillon vous-même ! Voulez-vous bien me
laisser jouer tranquillement de la clarinette.

— Et vous, voulez-vous bien me laisser dormir
paisiblement.

— Citoyen, je suis libre.

— Oui, mais non de m'ennuyer, car, si vous con-
tinuez, je vais, au nom de *cette liberté, telle que vous
la comprenez,* me payer sur les *canards* que vous
pondez à l'aide de votre clarinette une fantaisie qui,
sans être musicale, me fera infiniment plaisir, car ;

j'adore la chasse, citoyen, et si j'ai résisté au désir de faire feu sur les *produits de votre talent,* c'est par respect pour le repos d'autrui. Or, si je fais le sacrifice d'une partie de ma liberté à votre profit, je veux que vous me payiez de retour, sinon, vous verrez.

— Citoyen, moi, républicain, j'aime la liberté et fais ce qui me plaît.

Et, aussitôt, une nuée de couics et de couacs splendides *canards* prirent leur évolée de la satanée clarinette qui estropiait de plus bel la charmante valse de *Robin-des-Bois.*

— Sacripan ! m'écriais-je, barbare, vandale, massacre, tyran, *tueur* de République, attends un peu ! je vais bien te faire finir. Et, saisissant mon fusil de chasse, je le chargeai à poudre, et pif ! sur un couic, paf ! sur un couac, je fis un superbe coup double.

Au formidable ouf ! que poussa mon soi-disant républicain, sur ces deux points d'orgue, nouveau genre, je crus qu'il avait avalé le bec de sa clarinette ; mais je m'aperçus, bientôt du contraire ; car, il se mit à vociférer comme un enragé : *Au voleur ! au brigand ! à l'assassin !*

Tous les locataires de la maison réveillés en sursaut ouvrirent leurs fenêtres, leurs portes ; les moins peureux vinrent voir ce dont il s'agissait, les autres crièrent au secours ; la police arriva ; bref, ce fut un brouhaha d'enfer dans la maison ; et tout cela à cause d'un fou, d'un crétin qui croit que la République est le désordre, et la liberté la licence. Il alla même jusqu'à frapper les agents de l'autorité qui l'invitaient à se rendre au poste avec moi pour nous expliquer.

Et, ce citoyen là ose s'intituler républicain ! mais, cela fait hausser les épaules de rire aux monarchistes et verser de bien amères larmes aux amis éclairés, sincères et dévoués de la République.

Ici, l'orateur baissa la tête, sa figure devint horriblement pâle ; c'est alors, que fendant le cercle des auditeurs, je l'entendis murmurer en passant à côté de moi : — Pauvre République, si jamais tu nous quittes, les fous, les ignares, les méchants diront que c'est nous les vrais républicains qui t'avons chassée.

Et pourtant, tu sais combien nous t'aimons !

Marseille. — *Imprimerie Centrale, gérée par* L. Potel,
rue Chevalier-Rose, 29.

www.ingramcontent.com/pod-product-compliance
Lightning Source LLC
Chambersburg PA
CBHW071641030726
47598CB00005B/1966